## OS CUSTOS SOCIAIS DA PORNOGRAFIA
### Oito descobertas que põem fim ao mito do «prazer inofensivo»

**Conheça nossos clubes**

**Conheça nosso site**

- @editoraquadrante
- @editoraquadrante
- @quadranteeditora
- Quadrante

MARY EBERSTADT
MARY ANNE LAYDEN

# OS CUSTOS SOCIAIS DA PORNOGRAFIA

Oito descobertas que põem fim ao mito do «prazer inofensivo»

Tradução
Priscila Catão

Estas descobertas e recomendações foram preparadas por
**Mary Eberstadt**
Pesquisadora da Hoover Institution
e
**Mary Anne Layden**
Diretora do Programa de Trauma Sexual e Psicopatologia
Centro de Terapia Cognitiva
Departamento de Psiquiatria da Universidade da Pensilvânia

**The Witherspoon Institute**, Princeton, Nova Jersey

**Social Trends Institute**, Nova York/Barcelona

São Paulo
2019

Copyright © 2019 The Whiterspoon Institute, Inc.

Capa
Bruno Ortega

Título original
*The social costs of pornography:*
*a statement of finding and recommendations*

**Dados Internacionais de Catalogação na Publicação (CIP)**
**(Câmara Brasileira do Livro, SP, Brasil)**

Eberstadt, Mary

   Os custos sociais da pornografia : oito descobertas que põem fim ao mito do «prazer inofensivo» / Mary Eberstadt e Mary Anne Layden ; tradução Priscila Catão – São Paulo : Quadrante, 2019.

   Título original: *The social costs of pornography: a statement of finding and recommendations.*

   ISBN: 978-85-54991-23-4

   1. Pornografia 2. Pornografia - Aspectos sociais - Estados Unidos I. Layden, Mary Anne. II. Título.

19-23529                                                    CDD 306.77

**Índice para catálogo sistemático:**
1. Pornografia : Sexualidade : Sociologia 306.77

Maria Alice Ferreira - Bibliotecária - CRB-8/7964

Todos os direitos reservados a
QUADRANTE EDITORA
Rua Bernardo da Veiga, 47 - Tel.: 3873-2270
CEP 01252-020 - São Paulo - SP
www.quadrante.com.br / atendimento@quadrante.com.br

# Sumário

Resumo ......................................................................... 7

Introdução .................................................................... 11
    Comentários preliminares ....................................... 14
    A perspectiva deste relatório ................................. 17

Descoberta 1 ................................................................ 19

Descoberta 2 ................................................................ 25
    A natureza peculiar da pornografia na internet torna
      o vício mais provável ............................................ 28
    A pornografia está cada vez mais *hardcore* ......... 32

Descoberta 3 ................................................................ 35

Descoberta 4 ................................................................ 41

Descoberta 5 ................................................................ 51
    Danos às vítimas de exploração sexual ................. 51
    Danos a garotas adolescentes ............................... 54
    Danos para a sociedade inteira causados pela separação
      de famílias ............................................................. 57

Descoberta 6 ................................................................ 59

Descoberta 7 ................................................................ 67

Descoberta 8 ................................................................ 73

Recomendações .......................................................... 77

Conclusões .................................................................. 85

Signatários .................................................................. 87

# Resumo

Com o começo da era da internet, a pornografia passou a ser mais consumida do que nunca na história humana, e seu conteúdo é cada vez mais explícito. Pesquisas recentes sugerem que o consumo de pornografia – especialmente o consumo de um tipo mais *hardcore* ou violento – tem efeitos negativos nos indivíduos e na sociedade. É preciso estudar mais o fenômeno, mas um crescente número de pesquisas sugere fortemente que, para alguns usuários, a pornografia pode ser psicologicamente viciante, podendo afetar negativamente a qualidade dos relacionamentos interpessoais, a saúde e o desempenho sexuais e as expectativas sociais relacionadas com o comportamento sexual. O consumo disseminado da pornografia parece representar um sério desafio para a saúde pública e para o bem-estar pessoal e familiar. No entanto, com uma ação conjunta entre legisladores, profissionais de saúde, educadores, políticos e líderes empresariais responsáveis, é possível combater alguns efeitos negativos do consumo da pornografia.

O Witherspoon Institute gostaria de agradecer ao Social Trends Institute, ao Caster Family Trust e à Stuart Family Foundation por possibilitarem este projeto.

*Por favor, atente ao fato de que este relatório utiliza linguagem explícita para expressar a realidade da pornografia contemporânea e do seu impacto em homens, mulheres e crianças.*

Em geral, o *corpus* de pesquisas sobre a pornografia revela várias condutas e atitudes negativas relacionadas com o seu uso. A pornografia ensina e permite essas condutas e atitudes negativas, além de servir de gatilho para elas. Seus danos são observáveis em homens, mulheres e crianças e em adultos casados e solteiros, acarretando comportamentos patológicos, ilegais ou ambos.

Mary Anne Layden
Diretora do Programa de Trauma Sexual e Psicopatologia
Centro de Terapia Cognitiva
Departamento de Psiquiatria
Universidade da Pensilvânia[1]

---

(1) Para uma revisão abrangente da pesquisa psicológica, ver M. A. Layden, «Pornography and violence: a new look at the research». *The Social Costs of Pornography: A Collection of Papers,* eds. J. R. Stoner, Jr., e D. M. Hughes, Witherspoon Institute, Princeton, N.J., 2010.

# Introdução

A monografia a seguir, *Os custos sociais da pornografia: relatório de pesquisas e recomendações*, é fruto de uma pesquisa iniciada durante um colóquio em Princeton, Nova Jersey, em dezembro de 2008, financiado pelo Witherspoon Institute e também pelo Institute for the Psychological Sciences[1].

Esse colóquio, cujo objetivo era estimar os custos sociais da pornografia, foi a primeira exploração multifacetada, multidisciplinar e acadêmica, na era da internet, de um tema de importância crítica para a saúde e o bem-estar de muitos cidadãos: o dano social, mas oculto, do atual consumo de pornografia – espe-

---

(1) O Witherspoon Institute é um centro de pesquisas independente localizado em Princeton, Nova Jersey. Para mais informações, visite <www.winst.org>.

cialmente da pornografia da internet – numa escala sem precedentes.

Costuma-se observar que a história da pornografia se estende até o início da própria civilização humana. As imagens de vasos da Grécia antiga e as cenas pornográficas pintadas na antiga Pompeia são dois exemplos citados com frequência, apesar de obviamente existirem muitos outros. Até mesmo os conceitos de «obscenidade» e «pornografia» têm raízes etimológicas latinas e gregas[2]. Igualmente antigas são as proibições de imagens pornográficas. Entre essas proibições está a constante condenação desse tipo de material não apenas pelo pensamento moral judeu, cristão e muçulmano, mas também pela lei secular[3]. A pornografia e a obscenidade também são tradicionais objetos de preocupação para legisladores e agentes da lei nos Estados Unidos e em outros países. Dois exemplos recentes e notáveis de tentativas de lidar com as questões multifacetadas relacionadas ao consumo da pornografia são a Comissão de Pornografia do Procurador-Geral, de 1986, também

---

(2) Para uma discussão sobre a origem dessas palavras, ver, por exemplo, W. Kendrick, *The secret museum: pornography in modern culture,* University of California Press, Berkeley, 1978, cap. 1. Citado em: J. R. Stoner, Jr., «Freedom, virtue, and the politics of regulating pornography». *The Social Costs of Pornography: A Collection of Papers.*

(3) Para uma discussão sobre pornografia e Islã, ver H. Yusuf, «Desire and the tainted soul: Islamic insights into lust, chastity, and love». *The Social Costs of Pornography: A Collection of Papers.*

INTRODUÇÃO

conhecida como Relatório Meese, e o Relatório do Workshop sobre Pornografia e Saúde Pública do Ministério da Saúde[4].

No entanto, apesar da preocupação que a pornografia tradicionalmente cria tanto nas esferas governamentais como fora delas, fica claro, com base em vários parâmetros, que a atual pornografia da internet é qualitativa e quantitativamente diferente das pornografias anteriores. Isso por pelo menos três motivos: (1) a onipresença e acessibilidade da pornografia da internet; (2) a diferença qualitativa das imagens e a natureza *hardcore* de boa parte da pornografia na internet; (3) o crescimento exponencial do consumo de pornografia na internet.

A sociedade começou a lidar com esses novos problemas há pouco tempo. O propósito deste relatório é chamar a atenção do público para uma quantidade volumosa de dados acumulados sobre a pornografia contemporânea e a sua ligação com uma gama de males individuais e sociais. As descobertas a seguir exploram esses fenômenos e suas consequências com mais detalhes, recorrendo às fontes mais persuasivas sobre o assunto disponibilizadas por uma gama de disciplinas

---

(4) O resumo do Relatório do Ministro da Saúde diz: «Um comitê de clínicos e pesquisadores concluiu que a pornografia estimula atitudes e condutas que levam a consequências bastante negativas para os indivíduos e para a sociedade, e que esses resultados prejudicam a saúde mental, emocional e física de crianças e adultos». PsycINFO Database Record © 2008 APA, todos os direitos reservados.

clínicas e outras disciplinas profissionais[5]. A discussão a seguir condensa uma grande quantidade de informações, muitas das quais só podem ser mencionadas em notas de rodapés. Aqueles que se interessarem em ler mais sobre o assunto podem consultar as obras citadas nas notas de rodapé deste texto, inclusive os artigos do colóquio de Princeton reunidos em *The social costs of pornography: a collection of papers*, editado por James R. Stoner, Jr. e Donna M. Hughes.

## Comentários preliminares

Para assimilar todo o significado dessas informações, é preciso, de saída, ter em conta quatro pontos.

*Primeiro, este relatório representa um consenso profissional e especializado relativamente novo sobre as ramificações sociais da pornografia na internet, bastante diferente da compreensão pública do tema.* Este documento tem o objetivo de atualizar a compreensão pública pela difusão de informações de diversas fontes que provam de maneira convincente a relação entre o consumo de pornografia e diversas patologias psicológicas, sociais e familiares.

*Segundo, algumas implicações das evidências empí-*

---

(5) P. F. Fagan, *The effects of pornography on individuals, marriage, family and community*, Family Research Council, 2009. Ver também o capítulo de Layden já citado: «Pornography and violence: a new look at the research».

*ricas a seguir provavelmente causarão controvérsias.* Isso porque a opinião atual sobre pornografia tende a seguir uma sensibilidade libertária, que alega que o consumo de imagens pornográficas é um entretenimento pessoal que não causa vítimas, ainda que seja moralmente ofensivo para algumas pessoas.

Por mais compreensível que essa sensibilidade seja, ela é refutada pelos dados empíricos crescentes e multidimensionais sobre os danos da pornografia. Como um profissional da saúde testemunhou:

> «Quem alega que a pornografia é um entretenimento inofensivo, uma expressão sexual benigna ou um recurso matrimonial obviamente jamais se sentou no consultório de um terapeuta com famílias, casais ou indivíduos cambaleando sob os efeitos arrasadores desse material»[6].

Pesquisas e dados sugerem que o uso habitual da pornografia – especialmente na internet – pode ter uma gama de efeitos prejudiciais em seres humanos de todas as idades e de ambos os sexos, afetando a sua felicidade, sua produtividade, seu relacionamento com os outros e o seu funcionamento na sociedade. Com base em dados obtidos por meio de uma variedade de ferramentas

---

(6) J. C. Manning, «The impact of pornography on women: social science findings and clinical observations». *The Social Costs of Pornography: A Collection of Papers*, 2010.

econômicas, clínicas e outras, as páginas a seguir detalham os diversos custos humanos da pornografia.

*Terceiro, apesar da concordância dos especialistas a respeito dessas descobertas, muita pesquisa ainda precisa ser feita.* Os dados empíricos até hoje sugerem que a pornografia – especialmente do tipo *hardcore* e violenta – é claramente prejudicial, mas são limitados por várias restrições. Para começar, a pornografia da internet é tão nova que o seu estudo aprofundado precisa de mais tempo. Ademais, a indústria pornográfica é, por natureza, difusa e um tanto segredista, de modo que é difícil obter dados confiáveis. Além disso, os consumidores respondem pesquisas sobre o uso da pornografia com menos boa vontade do que pesquisas sobre temas discutidos mais publicamente. Porém, já se sabe muito – certamente o suficiente para recomendar regras gerais para uma ação pública nas linhas descritas ao fim deste relatório.

*Por fim, a diversidade dos signatários que se reuniram aqui torna o consenso entre eles ainda mais relevante.* Todos os principais matizes religiosos estão representados, do ateísmo e agnosticismo ao cristianismo, judaísmo e islamismo. A direita e a esquerda da política americana estão representadas, inclusive o conservadorismo social e o feminismo contemporâneo. Uma gama única de especialidades profissionais também está representada, entre elas economia, medicina, psiquiatria, psicologia, filosofia, sociologia, jornalismo e direito. É raro haver uma concordância tão abrangente em torno de um assunto. O fato de ela existir sobre a pornografia contemporânea e os seus custos sociais é uma prova persuasiva daquilo que se sabe atualmente sobre os problemas levantados por uma atividade que se imaginava inofensiva e sem vítimas, e que ainda costuma ser enxergada assim.

## A perspectiva deste relatório

Em vários momentos, enquanto relatavam suas investigações sobre essas questões, os acadêmicos compararam seus esforços aos realizados por oficiais da saúde e outros profissionais preocupados com o tabagismo nos anos que antecederam o importante relatório do Ministério da Saúde sobre o tema, publicado em 1964. Naquela época, assim como agora, os profissionais da saúde, com ajuda de acadêmicos e outras autoridades, lideraram o começo do que terminou por revelar-se uma reviravolta dramática e duradoura no consenso sobre uma substância que muitos americanos consideravam inofensiva. Naquela época, assim como agora, a atividade em questão era amplamente vista como inofensiva – ou pelo menos como uma prática que prejudicava apenas o usuário. Décadas depois, em parte por causa dos esforços pioneiros por difundir uma mensagem sobre dados do tabagismo que seria considerada impopular caso verdadeira, o fumo tem sido amplamente estigmatizado e restringido. Poucos argumentariam que a sociedade piorou depois dessa mudança dramática no comportamento pessoal.

Da mesma maneira, acreditamos que a sociedade melhorará se os fatos acumulados sobre o uso atual da pornografia e das suas consequências forem disseminados de maneira ampla e eficaz, para que pessoas de todas as posições sociais possam se conscientizar a respeito deles.

The Witherspoon Institute
Princeton, Nova Jersey
Fevereiro de 2010

# Descoberta 1

*Pela primeira vez na história, a pornografia é disponibilizada e consumida em larga escala, sobretudo por causa da internet. Ninguém deixa de ser afetado por ela.*

Como mencionado na «Introdução», apesar de a pornografia existir há milênios, ela nunca esteve tão disponível nem nunca foi tão acessada como nos últimos anos. Embora os pesquisadores estejam apenas começando a reunir estatísticas confiáveis sobre o aumento no consumo de pornografia, observadores, especialistas ou não, já perceberam a óbvia contribuição da pornografia da internet para esse aumento dramático.

O livro *Pornified* («Pornificados»), de 2005, foi um dos primeiros a analisar o tema em linguagem acessível ao público geral. Segundo sua autora, Pamela Paul, repórter da revista *Time*:

Hoje em dia, o número de pessoas que veem pornografia é desconcertante. Os americanos alugam mais de 800 milhões de vídeos e DVDs pornográficos (cerca de um em cada cinco filmes alugados é pornô) por ano, e os 11 mil filmes pornôs produzidos anualmente ultrapassam com folga a média hollywoodiana de 400. Todos os anos, quatro bilhões de dólares são gastos com vídeos pornográficos nos Estados Unidos, mais do que com futebol americano, beisebol e basquete. Todos os meses, pelo menos um em cada quatro usuários de internet visita sites de pornografia. Os homens acessam páginas de pornografia mais do que qualquer outro tipo de página. E 66% dos homens entre 18 e 34 anos visitam algum site pornográfico todo mês[1].

O escritor Ross Douthat faz eco a essas observações no ensaio «Pornografia é adultério?», publicado em 2008 na revista *The Atlantic*, em que chama a atenção para o fato de o alcance da pornografia contemporânea ser mesmo algo novo:

> Nas últimas três décadas, o videocassete, a TV a cabo e a internet reformularam completamente a maneira como as pessoas interagem com a pornografia [...]. Nada na longa história do erotismo se compara à maneira como milhões de americanos

---

(1) P. Paul, «From pornography to porno to porn: how porn became the norm». *The Social Costs of Pornography: A Collection of Papers*, 2010.

DESCOBERTA 1

vivenciam a pornografia hoje, e as nossas intuições morais penam para dar conta dessa realidade[2].

Inúmeras estatísticas de um relatório de 2008 sobre pornografia online confirmam a impressão de que ela é amplamente acessada por usuários de internet, e que tanto a sua produção como o seu consumo têm se expandido. A cada segundo, há aproximadamente 28.528 usuários de internet vendo pornografia. A cada dia, há aproximadamente 116 mil buscas online por pornografia infantil[3]. Em 2005, 13.585 títulos de vídeos e DVDs de pornografia *hardcore* foram lançados nos Estados Unidos (a título de comparação, em 1988 foram 1.300). Um estudo recente com alunos de graduação e pós-graduação de vários locais do país, com idade entre 18 e 26 anos, descobriu que 69% dos homens e 10% das mulheres da amostra viam pornografia mais de uma vez por mês[4].

Não há dúvidas de que esse consumo tem paralelos mais amplos na cultura popular. O número de cenas de sexo na televisão americana, por exemplo, aparen-

---

(2) R. Douthat, «Is pornography adultery?», *The Atlantic,* outubro de 2008.

(3) J. Ropelato, *Internet Pornography Statistics*, Internet Filter Learning Center. Disponível em: <http://internet-filter-review.toptenreviews.com/internet-pornography-statistics.html>.

(4) J. S. Carroll, L. M. Padilla-Walker, L. J. Nelson., C. D. Olson, C. M. Barry e S. D. Madsen, «Generation XXX: pornography acceptance and use among emerging adults». *Journal of Adolescent Research*, vol. 23, n. 1, 2008, págs. 6-30.

temente quase dobrou entre 1998 e 2005[5]. Com frequência os jogos eletrônicos de grande público trazem temas ou cenas pornográficas; um deles, por exemplo, chama-se *Leisure suit Larry* e tem nudez frontal. Os fabricantes desse jogo brigaram para que ele não obtivesse uma classificação indicativa maior do que 16 anos a fim de garantir que ele pudesse ficar exposto para a venda nas lojas Wal-Mart de todo o país[6].

Podem-se dar muitos outros exemplos, mas a questão permanece a mesma: a pornografia está por toda parte, não apenas na internet, mas também em muitas outras áreas do entretenimento popular, inclusive juvenil. As consequências dessa onipresença são particularmente perturbadoras para crianças e adolescentes, que têm sido expostos – muitas vezes involuntariamente – de diversas maneiras a uma quantidade sem precedentes de material pornográfico.

Essa recente onipresença da representação pornográfica chegou mesmo a alterar a nossa percepção do que é prejudicial aos indivíduos. Como observou uma terapeuta:

> Antes do advento da internet, o debate sobre a pornografia fundamentava-se em pressupostos li-

---

(5) D. Kunkel, K. Eyal, K. Finnerty, E. Biely e E. Donnerstein, *Sex on TV 4*, Menlo Park, Califórnia, Kaiser Family Foundation, 2005.

(6) C. Morris, «Video games get raunchy». 13.05.2004. Disponível em: <CNNMoney.com>.

neares, de causa e efeito: foco no indivíduo como consumidor ou vítima; abordagens jurídicas, feministas ou morais; disputas acerca do quase sempre tênue limite entre censura e liberdade de expressão. Na era da internet, porém, tanto o debate como os seus principais pressupostos precisam urgentemente de uma revisão, ou mesmo de uma reformulação completa, para que seja possível abordar o fato de pessoas de todas as idades, sexos e grupos socioeconômicos estarem expostas à pornografia e serem afetadas por ela[7].

Em suma, há provas de que um número maior de pessoas (crianças, adolescentes e adultos) consome mais pornografia do que nunca, de maneira esporádica, involuntária ou crônica. As próximas seções deste relatório apresentam as evidências mais relevantes disponíveis sobre as consequências desse consumo para homens, mulheres e crianças, e também para a sociedade como um todo.

---

(7) Jill C. Manning, «The impact of pornography upon women», artigo não publicado apresentado em encontro sobre *The Social Costs of Pornography*, Universidade Princeton, 12.12.2008; arquivado no Witherspoon Institute.

# Descoberta 2

*Há abundantes evidências empíricas de que pornografia atual é qualitativamente diferente das anteriores em vários aspectos: a onipresença, o uso de imagens cada vez mais realistas nas transmissões e o caráter cada vez mais «hardcore» do que é consumido.*

A pornografia da internet é historicamente peculiar não apenas por sua onipresença, mas também por sua natureza, sobretudo em dois aspectos: (1) seu caráter potencialmente viciante e (2) seu realismo (cada vez maior).

Nem todos os consumidores da pornografia da internet são usuários crônicos, e nem todos são incapazes de resistir ao impulso de buscá-la em detrimento de outras atividades. Como no caso do tabagismo, parte da dificuldade de medir o «dano» da pornografia da internet é o fato de ela não afetar todos os indivíduos da mesma maneira. Em alguns casos, um usuário casual e esporádico pode ser mais prejudicado pela pornografia do que um usuário crônico e diário. Também podemos descobrir que algumas pessoas têm mais predisposição a um consumo pesado de pornografia do que outras. Essas e outras áreas de pesquisas ainda precisam ser exploradas.

Porém, em alguns usuários, a pornografia da internet acarreta comportamentos que a literatura médica e psicológica chama de «vício», como nos casos de vício em álcool, nicotina e outras substâncias[1]. O vício em pornografia pode até mesmo se tornar «compulsivo», ou seja, pode continuar apesar das consequências negativas para o desempenho de uma pessoa no trabalho ou nas relações afetivas[2]. Nas palavras de uma psicóloga:

> Os efeitos negativos do uso compulsivo – do uso que ocorre apesar das consequências negativas para o desempenho da pessoa no trabalho ou na vida pessoal – podem ser óbvios, como a perda do emprego

---

(1) Ver, por exemplo, P. Carnes, *Out of the shadows: understanding sexual addiction*, Hazelden, Center City, Minn., 1992; A. Cooper, D. L. Demonico e R. Burg, «Cybersex users, abusers and compulsives: new findings and implications». *Sexual Addiction & Compulsivity: The Journal of Treatment and Prevention* 7, nos. 1-2, 2000, págs. 5-29.

(2) Ver, por exemplo, A. Cooper, C. R. Scherer, S. C. Boies e B. L. Gordon, «Sexuality on the Internet: From Sexual Exploration to Pathological Expression». *Professional Psychology: Research and Practice*, vol. 30, 1999, págs. 154-64 e M. P. Kafka, «The paraphilia-related disorders: nonparaphilic hypersexuality and sexual compulsivity/addiction». *Principles and Practice of Sex Therapy*, 3ª edição, eds. S. R. Leiblum e R. C. Rosen, Guilford Press, Nova York, 2000, págs. 471-503.

por causa do acesso a sites adultos no computador da empresa, mas também podem ser sutis, como a perversão dos papéis familiares que se dá quando um marido passa boa parte das noites masturbando-se com imagens explícitas em vez de estar com a esposa e os filhos[3].

Embora nem todas as complexidades do modelo do vício aplicarem-se à pornografia, o histórico clínico e empírico mostra que é correto chamar o consumo crônico da pornografia de «dependência» ou «vício». Para dar um exemplo dos comportamentos viciantes relacionados com a pornografia, «quem faz um uso intenso da pornografia tem um conceito tão distorcido de "normal" (ou seja, do que a pessoa comum faz), que já não consegue perceber o quanto seu comportamento é incomum». Essa normalização leva a um «cálculo exagerado da frequência com que certas atividades sexuais são realmente praticadas», o que por sua vez aumenta a disposição de uma pessoa de fazer coisas que antes eram inadmissíveis, como demonstrado numa pesquisa sobre garotos adolescentes[4]. Esse comportamento raramente era associado à pornografia antes de a internet tornar possível o acesso a imagens pornográficas a qualquer momento.

---

(3) Ana J. Bridges, «Pornography's effects on interpersonal relationships». *The Social Costs of Pornography: A Collection of Papers*, 2010.

(4) *Ibidem.*

## A natureza peculiar da pornografia na internet torna o vício mais provável

Como Douthat observou no ensaio citado, «de inovação em inovação, a pornografia moderna tornou-se uma experiência mais imediata, visceral e personalizada».

Nos últimos tempos, essa experiência cada vez mais visceral tem sido mais bem explicada pelos avanços da neurociência. Um cientista a descreve da seguinte maneira:

> Temos dois sistemas de prazer separados no cérebro, um para o prazer excitante e outro para o gratificante. A pornografia é mais excitante do que gratificante. O sistema excitante está relacionado com o prazer «apetitivo», aquele que sentimos ao imaginar algo que desejamos, como sexo ou uma boa refeição. A dopamina tem um papel preponderante na sua neuroquímica, o que aumenta o nosso nível de tensão.
>
> O segundo sistema de prazer está relacionado com a satisfação ou o prazer do consumo, que é realmente fazer sexo ou consumir a refeição, um prazer que acalma e traz um senso de realização. A sua neuroquímica baseia-se na liberação de endorfinas, que são da família dos opiáceos e dão uma alegria serena e eufórica.
>
> A pornografia, ao oferecer um harém infinito de

objetos sexuais, ativa excessivamente o sistema apetitivo. Os consumidores de pornografia desenvolvem novos mapas nos cérebros com base nas fotos e vídeos que veem. Como o cérebro funciona na base do usar-ou-perder, quando desenvolvemos uma área de mapas, desejamos mantê-la ativada. Assim como nossos músculos ficam impacientes querendo exercício após passarmos o dia inteiro sentados, nossos sentidos também anseiam por estímulos. Homens [viciados] diante dos seus computadores, vendo pornografia, [são] muito parecidos com os ratos nas gaiolas dos centros de pesquisa, pressionando botões para obter uma dose de dopamina ou seu equivalente. Apesar de [não] saberem, foram seduzidos a realizar sessões de treino de pornografia que [satisfazem] todas as condições necessárias para uma mudança plástica dos mapas cerebrais[5].

Essa mudança neurológica é refletida nos relatos de pessoas que desenvolvem vício em pornografia ou dependência dela. Baseada em entrevistas com mais de cem consumidores heterossexuais de pornografia na internet (80% deles, homens), Pamela Paul observa:

Para que a pornografia não seja posta de lado como um «problema de mulher», vamos conside-

---

(5) N. Doidge, *The brain that changes itself: stories of personal triumph from the frontiers of brain science,* Viking, Nova York, 2007, pág. 108.

rar a extensão dos seus efeitos sobre os seus principais usuários, os homens [...]. Inúmeros homens descreveram para mim que o consumo de pornografia os fez perder a capacidade de relacionarem-se com mulheres ou de tornarem-se próximos delas. Eles têm dificuldade para se excitar com mulheres «reais» e a sua vida sexual com as namoradas ou esposas foram arruinadas. Esses homens parecem gente normal, mas toda semana gastam horas com pornografia – geralmente online. E muitos deles admitem ter problemas para diminuir esse uso. Eles também percebem que buscam uma pornografia cada vez mais intensa[6].

O bombardeio ininterrupto de imagens e vídeos cada vez mais realistas parece indicar também que os consumidores crônicos perdem a sensibilidade visual e terminam assistindo a representações que antes consideravam proibidas ou tabu.

Essa dessensibilização causada pela enxurrada de imagens é bastante conhecida dos terapeutas. Um fenômeno descrito várias vezes no colóquio foi a maneira como imagens que inicialmente o usuário achava repugnantes – inclusive pop-ups indesejados como pornografia infantil ou imagens pornográficas violentas encontradas na busca por imagens não violentas – per-

---

(6) P. Paul, «From pornography to porno to porn: how porn became the norm». *The Social Costs of Pornography: A Collection of Papers.*

dem a capacidade de chocar e causar aversão com o passar do tempo.

O escritor britânico Sean Thomas, num artigo muito difundido publicado na revista *The Spectator* em 2003, falou sobre seu próprio vício em pornografia e apresentou um relato vívido do declínio pessoal que o levou ao consumo de imagens que antigamente o revoltavam:

> Meu interesse em *spanking* me fez especular: que outros fetiches eu estaria cultivando? Que outros cantos secretos e gratificantes se espreitavam na minha sexualidade e agora poderiam ser investigados por mim mesmo na privacidade do meu próprio lar? Eles acabaram sendo muitos. Descobri um enorme fraco por, entre outras coisas, ginecologia lésbica, *hardcore* inter-racial e imagens de garotas japonesas tirando seus shortinhos. Eu também gostava de jogadoras de netball sem calcinha, russas bêbadas se exibindo e cenários complicados em que atrizes dinamarquesas submissas eram depiladas pelas parceiras dominantes durante o banho. A internet tinha, em outras palavras, revelado para mim que eu tinha uma variedade imensurável de fantasias e excentricidades sexuais, e que o processo de satisfazer esses desejos online causava apenas um interesse maior[7].

---

(7) S. Thomas, «Self-Abuse», *Spectator*, Londres, 28.06.2003.

Mais notável e perturbador é o fato de que vários usuários descreveram tanto para repórteres como para clínicos o aparente efeito bola de neve que leva do uso da pornografia com adultos ao uso da pornografia infantil.

## A pornografia está cada vez mais *hardcore*

Terapeutas e outros profissionais da saúde concordam que, além de a pornografia ser mais comum hoje em dia, ela também é cada vez mais «extrema». Um observador comenta que:

> Até mesmo quem não usa esses «serviços» sofre os efeitos culturais da saturação, pois a programação normal da televisão, revistas respeitáveis e músicas populares incluem com regularidade imagens, situações e letras provocadoras que, uma geração atrás, teriam sido rotuladas de *soft porn*. Quem viu a pornografia considerada *hardcore* hoje a descreve em termos que chocariam a imaginação e a consciência de qualquer pessoa que não seja consumidora desse tipo de material[8].

(8) J. R. Stoner, Jr., «Taking a new look at pornography», *Public Discourse: Ethics, Law, and the Common Good*, 09.02.2009. Disponível em: <http://www.thepublicdiscourse.com/2009/02/89>.

Em suma, a pornografia atual é qualitativa e quantitativamente diferente de todas que a antecederam – e essa diferença qualitativa acarreta, pelo menos para alguns consumidores, um efeito bola de neve que leva a imagens ainda mais *hardcore*, mais sexualmente fetichistas, e que antes eram consideradas chocantes.

# Descoberta 3

*O atual consumo de pornografia na internet pode ser especialmente prejudicial para as mulheres.*

A pornografia da internet pode ser mais prejudicial para mulheres, sejam elas as namoradas ou esposas dos consumidores, ou as próprias consumidoras. De fato, qualquer mulher pode ser afetada, pois a pornografia molda as expectativas culturais a respeito do comportamento sexual feminino (cf. a Descoberta 5 para saber mais sobre como a pornografia molda as expectativas sobre o comportamento sexual feminino).

De várias maneiras, a pornografia na internet suscita problemas específicos para a saúde e o bem-estar das esposas cujos maridos são consumidores, e também para outras mulheres em relacionamento sério e aparentemente monogâmico com um consumidor.

Na cultura ocidental, as esposas costumam buscar

## 36 MARY EBERSTADT E MARY ANNE LAYDEN

relacionamentos matrimoniais que se baseiem em respeito mútuo, honestidade, poder compartilhado e amor romântico. A pornografia encontrada na internet exalta o oposto: relacionamentos baseados em desrespeito, desapego, promiscuidade e frequentemente abuso. Essa diferença dá origem a sofrimentos e danos peculiares quando a esposa descobre que o marido consome pornografia na internet em segredo.

Vários pesquisadores relatam que as mulheres costumam sentir-se traídas, que experimentam perda, desconfiança, desamparo e raiva após descobrir o uso de pornografia do parceiro e/ou sua atividade sexual online. Além dos custos psíquicos dessa descoberta[1], há outros danos como o aumento considerável da probabilidade de divórcio e de separação da família. No encontro de novembro de 2003 da American Academy of Matrimonial Lawyers (associação jurídica inclui os 1.600 advogados mais importantes do país na área de casamento e divórcio), 62% dos 350 membros presentes disseram que a internet influenciara os divórcios com os quais eles tinham trabalhado no úl-

---

(1) Ver, por exemplo, A. J. Bridges, R. M. Bergner e M. Hesson-McInniss, «Romantic partners' use of pornography: its significance for women». *Journal of Sex and Marital Therapy*, vol. 29, n. 1, janeiro/fevereiro de 2003, págs. 1-14; J. C. Manning, *A qualitative study of the supports women find most beneficial when dealing with a spouse's sexually addictive or compulsive sexual behavior*, dissertação de doutorado não publicada, Universidade Brigham Young, Utah, 2006; J. P. Schneider, «Effects of cybersex addiction on the family: results of a survey». *Sexual Addiction & Compulsivity*, vol. 7, n. 1-2, 2000, págs. 31-58.

timo ano, e 56% dos casos de divórcio envolviam um interesse obsessivo em websites pornográficos por uma das partes[2].

Por fim, esposas e outros parceiros sexuais dos consumidores de pornografia têm riscos mais elevados de saúde devido ao aumento na probabilidade de o consumidor se expor a outros parceiros. Um estudo representativo de todo o país, com 531 usuários de internet e publicado em 2004, descobriu que pessoas que tinham tido um caso extraconjugal apresentavam uma probabilidade três vezes maior de ter usado pornografia na internet do que usuários de internet que não tinham tido nenhum caso. De acordo com o mesmo estudo, pessoas que pagavam por sexo ou prostituição apresentavam uma probabilidade quase quatro vezes maior de ter usado pornografia na internet do que pessoas que nunca tinham pagado por sexo[3]. Outros estudos, inclusive pesquisas experimentais que comparam homens expostos a pornografia em ambientes laboratoriais a um grupo de homens expostos a seriados inofensivos de comédia, também indicam que o consumo de pornografia faz os homens darem menos valor à fidelidade sexual e mais valor ao sexo casual. Em média, homens que veem pornografia num ambiente laboratorial também

---

(2) Citado em P. Paul, «The porn factor». *TIME Magazine*, 19.01.2004.

(3) S. Stack, I. Wasserman e R. Kern, «Adult social bonds and use of internet pornography». *Social Science Quarterly*, vol. 85, n. 1, março de 2004, págs. 75-88.

se tornam mais agressivos em comparação a homens expostos a um material não sexual, e isso é particularmente verdadeiro para homens expostos a imagens sexuais mais *hardcore*[4].

Num estudo em andamento sobre os efeitos da pornografia em relacionamentos entre adultos, os economistas Kirk Doran e Joseph Price têm analisado dados do General Social Survey (um censo de expectativas, desejos, valores e atitudes dos americanos) para mensurar o impacto do uso da pornografia sobre o bem-estar conjugal e incluindo o impacto sobre divórcios, sexo extraconjugal, a percepção de felicidade no casamento e em geral[5]. Os dois pesquisadores relatam que, entre os indivíduos que já casaram, aqueles que afirmam ter visto um filme pornográfico no último ano têm uma probabilidade 25,6% maior de serem divorciados, 65,1% maior de relatarem ter tido um caso extraconjugal, 8% menor de relatarem ter um casamento «muito feliz» (se ainda forem casados) e 13,1% menor de afirmarem que estão «muito felizes» com a vida em geral. Apesar de a pesquisa inicial não permitir que façamos afirmações definitivas sobre os efeitos da pornografia na sociedade, ela claramente indica que o consumo da pornografia

---

(4) J. S. Carroll *et al.*, «Generation XXX: pornography acceptance and use among emerging adults». *Journal of Adolescent Research*, vol. 23; D. Zillmann e J. Bryant, «Pornography's impact on sexual satisfaction». *Journal of Applied Social Psychology*, vol. 18, n. 5, 1988, págs. 438-53.

(5) K. Doran e J. Price, *Movies and marriage: do some films harm marital happiness?*, em progresso, 2009.

está associado a um risco maior de resultados adversos em várias áreas.

Para citar um dos acadêmicos presentes no colóquio, «a pornografia na internet costuma estar associada a atividades que enfraquecem a exclusividade e a fidelidade conjugais e que aumentam o risco de contrair e transmitir doenças sexualmente transmissíveis»[6].

Apesar de várias medidas indicarem que a maioria dos consumidores de pornografia na internet são homens, há evidências de que o consumo das mulheres também tem aumentado. Um estudo sugere que hoje em dia mulheres representam até 30% dos consumidores de pornografia na internet[7]. No mesmo sentido, um estudo de 2008 com universitários descobriu que 31% das jovens relataram ter usado pornografia (em comparação a 87% dos homens) no último ano[8].

---

(6) J. C. Manning, *A qualitative study of the supports women find most beneficial when dealing with a spouse's sexually addictive or compulsive sexual behavior.*

(7) *Internet Pornography Statistics*, 2008; *Nielsen/NetRatings*, abril 2005.

(8) J. S. Carroll *et al.*, «Generation XXX: pornography acceptance and use among emerging adults».

# Descoberta 4

*O atual consumo de pornografia na internet pode ser especialmente prejudicial para as crianças.*

As poucas estatísticas disponíveis sobre o uso de pornografia por crianças e adolescentes são ainda mais difíceis de avaliar do que o uso por adultos. Poucos pais permitem que seus filhos sejam temas de pesquisa nessa área, e os pesquisadores não têm um acesso confiável a crianças e adolescentes sem o consentimento dos pais.

No entanto, não há dúvidas de que crianças e adolescentes estão mais expostos à pornografia da internet do que nunca. Um estudo de 2004 da Universidade Columbia, por exemplo, descobriu que 11,5 milhões de adolescentes (45%) têm amigos que veem e baixam pornografia na internet regularmente[1]. A prevalência de adolescentes com amigos que veem pornografia na internet aumenta com a idade. Os rapazes têm uma probabilidade bem maior do que as garotas de terem amigos que veem pornografia na internet. Em um estudo, 65% dos garotos de 16 e 17 anos relataram ter amigos que viam e baixavam pornografia na internet com regularidade[2].

Apesar da ilegalidade da propaganda de material sexualmente explícito para menores, a indústria pornográfica não nega de maneira efetiva o acesso a consumidores jovens. Aproximadamente 75% dos websites pornográficos exibem trailers nas homepages antes de perguntar se o espectador é maior de idade; apenas 3% desses websites exigem alguma prova de idade antes de permitir o acesso ao material sexualmente explícito, e dois terços dos websites pornográficos não incluem nenhuma advertência de conteúdo pornográfico[3]. Também não existem sistemas de filtragem eficazes instalados na maioria dos celulares, tablets e outros dispo-

---

(1) *National survey of American attitudes on substance abuse IX: teen dating practices and sexual activity*. The National Center on Addiction and Substance Abuse, Universidade Columbia, pág. 6. Citado em C. C. Radsch, «Teenagers' sexual activity is tied to drugs and drink». *New York Times*, 20.08.2004, pág. A14.

(2) *National survey of American attitudes on substance abuse IX: teen dating practices and sexual activity*. The National Center on Addiction and Substance Abuse, Universidade Columbia, pág 23.

(3) D. Thornburgh e H. S. Lin, eds., *Youth, pornography, and the internet*, National Academy Press, Washington, D.C., 2002, págs. 78-79.

sitivos com acesso à internet, apesar da popularidade do amplo uso de ambos por adolescentes[4].

Parte do contato de crianças e adolescentes com a pornografia é involuntário. O Congresso dos Estados Unidos, por meio do Centro Nacional de Crianças Desaparecidas e Exploradas, financiou um estudo em que os autores concluem que o material sexualmente explícito na internet é «muito intrusivo» e que é possível se deparar com ele inadvertidamente enquanto se procura outro material ou quando se abre um e-mail[5]. Num estudo mais recente realizado pelos mesmos autores, 34% dos adolescentes relataram ter sido expostos a algum conteúdo sexual indesejado na internet, número que parece ter aumentado 9% nos últimos cinco anos. Esse estudo de 2006, com 1.500 jovens, chama-se Youth Internet Safety Survey e descobriu que um a cada sete jovens relatou uma solicitação sexual indesejada, e um a cada onze tinha sido assediado online[6]. Um re-

---

(4) D. L. Delmonico e E. J. Griffin, «Cybersex and the e-teen: what marriage and family therapists should know». *Journal of Marital & Family Therapy*, vol. 34, n. 4, outubro 2008, págs 431-44.

(5) K. J. Mitchell, D. Finkelhor e J. Wolak, «The exposure of youth to unwanted sexual material on the internet: a national survey of risk, impact and prevention». *Youth & Society*, vol. 34, n. 3, 2003, págs 330-58; K. J. Mitchell, D. Finkelhor e J. Wolak, «Victimization of youths on the internet». *The Victimization of Childern: Emerging Issues*, Haworth Maltreatment & Trauma Press, Binghamton, N.Y., 2003.

(6) J. Wolak, K. J. Mitchell, D. Finkelhor, «Online victimization of youth: five years later», 2006, págs. 7 e 10. Disponível em: <http://www.unh.edu/ccrc/pdf/CV138.pdf>.

latório de 2002 da Henry J. Kaiser Family Foundation descobriu que 70% dos jovens de idade entre 15 e 17 anos relataram ter se deparado com pornografia online acidentalmente, e 23% desses jovens disseram que isso acontecia com alguma ou muita frequência[7].

Além disso, esses números nem sequer consideram a frequência com que os jovens são expostos a materiais pornográficos por mídias que não sejam a internet. A pornografia e as referências pornográficas são frequentemente incluídas em videogames, propagandas, programas de televisão e músicas populares, e também estão onipresentes em vídeos musicais[8]. Também se observa um aumento no fenômeno de *sexting*, o envio de imagens pornográficas por mensagens de texto, que tem suscitado questões legais e outros problemas sem precedentes por todo o país. A combinação dos efeitos dessas imagens e referências que se proliferam faz com que um número bem maior de jovens vivencie a pornografia por vários tipos de mídia, com consequências que também são variadas.

A pesquisa anterior corrobora os medos e as expe-

---

(7) *The Henry J. Kaiser Family Foundation Report*, 2002.

(8) Ver, por exemplo, D. L. Levin e J. Kilbourne, *So sexy so soon: the new sexualized childhood and what parents can do to protect their kids*, Ballantine Books, Nova York, 2008, págs. 142-47; M. Moore, «Rapelay virtual rape game banned by Amazon». *Telegraph*. 13.02.2009. Disponível em: <http://www.telegraph.co.uk/scienceandtechnology/technology/4611161/Rapelay-virtual-rape-game-banned-by-Amazon.html>; M. Edlund, «Music; hip-hop's crossover to the adult aisle». *New York Times*. 07.03.2004.

DESCOBERTA 4

riências de pais e responsáveis por toda parte: a pornografia infectou a infância moderna. Alguns pais se preocupam com o que seus filhos fazem enquanto usam a internet para estudar. Outros se preocupam pensando no que os colegas homens de suas filhas veem online. Alguns adultos testemunham diretamente a infiltração da pornografia nas vidas das crianças de quem cuidam, pegando-as no flagra encenando filmes pornográficos ou vendo pornografia em bibliotecas locais. Nos noticiários, é comum ver histórias de «prisões relacionadas com pornografia infantil e incidentes na escola em que professores são pegos vendo pornografia nos computadores da escola durante os horários de aulas»[9].

Psicólogos infantis relatam experiências e preocupações similares. «As crianças hoje em dia deparam com pornografia na internet, não com erotismo», como disse uma psicóloga de Massachusetts. «Elas têm um modelo muito ruim. A pornografia não mostra como um casal real soluciona um conflito ou cria intimidade». Ela também se preocupa com o fato de que a pornografia da internet, por ser em grande parte «parecida com estupro», é «uma maneira brutal de ser apresentado à sexualidade». O diretor clínico do Masters and Johnson Institute relata ter visto garotos de 14 e 15 anos viciados em pornografia: «É terrível ver o efeito que isso causa neles – ter esse tipo de problema sexual numa idade tão

_____

(9) P. Paul, «From pornography to porno to porn: how porn became the norm». *The Social Costs of Pornography: A Collection of Papers.*

jovem». A psicóloga que administra o Coché Center, uma clínica na Filadélfia fundada há mais de quarenta anos, descreve um caso em que se descobriu que uma garota de 11 anos estava criando seu próprio website pornográfico porque a pornografia «pegava bem» entre os seus amigos. A mesma psicóloga também diz que mais garotos, inclusive pré-adolescentes, têm sido tratados por vício em pornografia, acrescentando, «Antes da internet, eu nunca tinha visto isso»[10].

Pamela Paul, participante do colóquio em Princeton, expressou a reação que muitas pessoas costumam ter diante desses fatos:

> Já é terrível suficiente que os adultos sofram as consequências de uma cultura pornificada. Mas precisamos pensar no tipo de mundo que estamos apresentando às nossas crianças. Certamente, todos – tanto progressistas como conservadores – concordam com a afirmação: «Quando eu era criança, as coisas não eram assim». E não consigo imaginar ninguém pensando isso sem ter ao mesmo tempo uma profunda sensação de medo e perda[11].

Mas há alguma evidência de que essa exposição é prejudicial às crianças?

Para algumas pessoas, nenhuma evidência adicional

---

(10) *Ibidem.*

(11) *Ibidem.*

é necessária. Porém, nem mesmo os céticos podem negar a evidência dos danos que têm emergido em contextos clínicos. Para começar, alguns adolescentes e crianças se sentem tão prejudicados que eles próprios tomam a iniciativa de buscar tratamento. Ademais, um estudo representativo com 804 adolescentes italianos descobriu que garotos que viam pornografia tinham uma probabilidade consideravelmente maior de relatar ter «assediado sexualmente um(a) colega ou ter forçado alguém a fazer sexo»[12].

Outro estudo com 101 crianças que tinham cometido abusos sexuais na Austrália documentou um aumento de agressividade em garotos que consumiam pornografia. Um quarto dos participantes disseram que um irmão mais velho ou um amigo tinha mostrado como ter acesso a esse tipo de material; outro quarto disse que a pornografia era o principal motivo de usar a internet. Esse estudo indica mais um fato perturbador sobre o acesso das crianças à internet hoje em dia, incluindo o acesso à pornografia da internet: quase nenhum dos pais têm ciência do que elas estão fazendo. E quase todos esses pais relataram independentemente que duvidavam que seus filhos acessariam essa pornografia[13].

---

(12) S. Bonino, S. Ciairano, E. Rabaglietti e E. Cattelino, «Use of pornography and self-reported engagement in sexual violence among adolescents». *European Journal of Developmental Psychology*, vol. 3, 2006, págs. 265-88.

(13) P. Goodenough, «Online porn driving sexually aggressive children», *CNSNews.com*, 26.11.2003.

Além disso, há evidências abundantes de que crianças e adolescentes usam a pornografia para coagir os outros a ter algum comportamento sexual, enquanto os adultos também a usam para aliciar e coagir crianças. Outro terapeuta relata:

> Também tenho testemunhado mais garotas adolescentes tolerando abuso emocional, físico e sexual em relacionamentos amorosos, sentindo-se pressionadas a beijar outras garotas para excitar os rapazes, vendo ou produzindo pornografia para que seus namorados achem que elas são «descoladas» e têm a «cabeça aberta» e normalizando o abuso sexual que vivenciam por verem os mesmos atos erotizados na pornografia[14].

De fato, um estudo recente mostra que garotas adolescentes que relatam o consumo de pornografia têm mais probabilidade de relatarem terem sido vítimas de violência passiva, de assédio sexual ou estupro por amigos ou conhecidos[15].

Um estudo focado em agressores sexuais jovens descobriu que uma quantidade desproporcional deles

---

(14) J. C. Manning, *A qualitative study of the supports women find most beneficial when dealing with a spouse's sexually addictive or compulsive sexual behavior.*

(15) S. Bonino *et al.*, «Use of pornography and self-reported engagement in sexual violence among adolescents». *European Journal of Developmental Psychology*, vol. 3.

DESCOBERTA 4

tinha sido exposta a pornografia na infância; especificamente, entre trinta deles, vinte e nove tinham sido expostos a revistas ou vídeos pornográficos, e a idade média da primeira exposição a esse material era de sete anos e meio[16].

Os signatários defendem que até mesmo os libertários mais extremos, que argumentam que as crianças devem ter permissão de ver esses materiais, devem ter consciência desses diversos danos. Afinal, os defensores da circulação da pornografia entre adultos se justificam alegando principalmente que os consumidores adultos sabem a diferença entre a realidade (sexo com pessoas reais) e a realidade virtual (cenas artificiais de estupro e violência). No entanto, crianças, e talvez mesmo adolescentes, não são capazes de fazer essa distinção com facilidade.

Em suma, há evidências de que a prevalência da pornografia na vida de muitas crianças e adolescentes é muito mais impactante do que a maioria dos adultos percebe, de que a pornografia tem deformado o desenvolvimento sexual saudável desses jovens espectadores e de que ela é usada para explorar crianças e adolescentes.

---

(16) E. Wieckowski, P. Hartsoe, A. Mayer e J. Shortz, «Deviant sexual behavior in children and young adolescents: frequency and patterns». *Sexual Abuse: A Journal of Research and Treatment*, vol. 10, n. 4, 1998, págs. 293-304.

# Descoberta 5

*O atual consumo de pornografia na internet pode ser prejudicial a pessoas que não estão diretamente ligadas aos consumidores de pornografia.*

Apesar de a maioria das apresentações no colóquio em Princeton tratar de pessoas imediatamente afetadas pelos atuais níveis de consumo de pornografia, a avaliação do impacto mais amplo da pornografia na sociedade também precisa ter em conta a vida de outras pessoas.

## Danos às vítimas de exploração sexual

Apesar de haver muitas evidências empíricas sobre o dano que a pornografia da internet pode causar a consumidores e suas famílias, sabe-se muito pouco sobre o dano que ela acarreta para quem cria esse material. As evidências preliminares, porém, já são suficientemente convincentes para confirmar que as pessoas do lado da «oferta» nesse negócio, as pessoas que produzem conteúdo sexual, também são prejudicadas pela pornografia.

Parte desse dano recai sobre os mais vulneráveis. Mulheres de todas as idades representam 80% de todas as pessoas traficadas, crianças representam 50%, e 70% dessas mulheres e crianças são usadas para exploração sexual. O governo federal estima que entre 14.500 e 17.500 pessoas são traficadas para os Estados Unidos a cada ano.

«O Departamento de Justiça e o Centro Nacional de Crianças Desaparecidas e Exploradas reconhecem que a pornografia é um elemento que agrava o sério problema do tráfico sexual. Muitos traficantes são encontrados com equipamentos de filmagem e câmeras para criar e vender pornografia»[1].

Outras fontes sugerem que a vida dos atores da «indústria do sexo» está longe de ser invejável, que na verdade ela é repleta de exploração, uso de drogas, doenças e outros problemas. Uma autobiografia recente de uma «ex-coelhinha» da Playboy narra detalhadamente essas questões, com referências frequentes a drogas, exploração e práticas sexuais inseguras[2].

---

(1) E. McGinnis, «The horrifying reality of sex trafficking». Disponível em: <beverlylahayeinstitute.org>.

(2) I. St. James, *Bunny Tales*, Running Press Book Publishers, Filadélfia, 2006.

DESCOBERTA 5 53

Além disso, a pornografia tem sido relacionada a algumas agressões sexuais, apesar de a relação causal precisa entre agressão sexual e o uso de pornografia continuar controversa para muitos acadêmicos. Um estudo conduziu entrevistas com duzentas prostitutas e descobriu que cerca de um quarto delas mencionava que a pornografia estava intimamente relacionada a uma agressão sexual que elas tinham sofrido, com o agressor mencionando algo que tinha visto como inspiração para sua ação ou insistindo que a mulher desfrutasse da agressão[3]. Além disso, vários estudos usando amostras representativas de homens descobriram uma relação entre o consumo de pornografia e níveis mais altos de agressão sexual por parte deles[4].

Obviamente, muitas pessoas veem pornografia, inclusive pornografia violenta, sem agir com base no que viram. Porém, enquanto alguns consumidores de pornografia se inspirarem nessas cenas para imitar atos violentos ou agir contra menores de idade, a pornografia estará relacionada a esse comportamento criminoso.

---

(3) M. H. Silbert e A. M. Pines, «Pornography and sexual abuse of women». *Sex Roles*, vol. 10, n. 11-12, 1984, págs. 857-68.

(4) Ver, por exemplo, M. Allen, D. D'Alessio e K. Brezgel, «A meta-analysis summarizing the effects of pornography II: aggression after exposure». *Human Communication Research*, vol. 22, n. 2, dezembro 1995, págs. 258-83; S. Bonino *et al.*, «Use of pornography and self-reported engagement in sexual violence among adolescents». *European Journal of Developmental Psychology*, vol. 3; N. M. Malamuth, T. Addison e M. Koss, «Pornography and sexual agression: are there reliable effects and can we understand them?». *Annual Review of Sex Research*, vol. 11, 2000, págs. 26-91.

## Danos a garotas adolescentes

Garotas adolescentes correm um risco singular com a pornografia na escala atual.

Um terapeuta que costuma trabalhar com jovens mulheres notou que, apesar de ter mais oportunidades na vida, a jovem de hoje em dia se encontra «numa sociedade que talvez seja mais sexualmente grosseira, explícita, confusa e arriscada do que em épocas anteriores». Por causa das «tendências modernas de consumo e produção pornográfica, da mídia sexualizada, dos crimes sexuais, doenças sexualmente transmissíveis, predadores sexuais online, serviços de namoro online e bullying de teor sexual pela internet», a mulher atual vive num «mundo sexualmente mais distorcido, assustador e agressivo do que nunca, em idades de seu desenvolvimento que nunca foram tão baixas»[5].

Várias descobertas das ciências sociais confirmam o dano que a cultura pornográfica causa a garotas adolescentes.

Em primeiro lugar, vários estudos acadêmicos sugeriram que garotos e garotas adolescentes expostos a um ambiente de mídia sexualizada têm mais probabilidade

---

(5) J. C. Manning, «The impact of pornography on women: social science findings and clinical observations». *The Social Costs of Pornography: A Collection of Papers.*

DESCOBERTA 5 55

de ver mulheres como objetos sexuais[6]. Num estudo amplamente difundido de fevereiro de 2009, Susan Fiske, professora de psicologia da Universidade Princeton, usou exames de ressonância magnética para analisar a atividade cerebral de homens no momento em que viam pornografia. Os resultados mostraram que, após ver imagens pornográficas, os homens viam as mulheres mais como objetos do que como humanas. Uma conclusão de Fiske foi: «Quando há imagens sexualizadas no ambiente de trabalho, é difícil para as pessoas não pensarem em suas colegas dessa maneira»[7].

Em segundo lugar, a pornografia representa riscos para a saúde física das adolescentes. A habituação a imagens pornográficas predispõe algumas adolescentes a se envolverem em comportamentos sexualmente arriscados. Três estudos separados descobriram uma forte associação entre o consumo de pornografia e a prática de relações sexuais oral e anal entre adoles-

---

(6) L. M. Ward, «Does television exposure affect emerging adults' attitudes and assumptions about sexual relationships? Correlational and experimental confirmation». *Journal of Youth and Adolescence*, vol. 31, n. 1, 2002. Ver também L. M. Kard e K. Friedman, «Using TV as a guide: associations between television viewing and adolescents' sexual attitudes and behavior». *Journal of Research on Adolescents*, vol. 16, n. 1, março 2006, págs. 133-56; J. Peter e P. M. Valkenburg, «Adolescents' exposure to a sexualized media environment and their notions of women as sex objects», *Sex Roles*, vol. 56, fevereiro 2007, págs. 381-95.

(7) Citado em I. Sample, «Sex objects: pictures shifts men's view of women». *The Guardian* (Reino Unido), 16.02.09. Disponível em: <http://www.guardian.co.uk/science/2009/feb/16/sex-object-photograph>.

centes[8], apesar de a maioria das mulheres descrever a relação anal como uma experiência negativa[9]. Essas tendências comportamentais, combinadas com o fato de que o uso da camisinha tem sido baixo entre aqueles que fazem sexo anal (40%, de acordo com uma estimativa), aumenta os riscos relacionados à saúde para ambos os sexos[10]. Os riscos são possivelmente mais altos para garotas adolescentes heterossexuais do que para garotos adolescentes heterossexuais, pois as mulheres têm mais probabilidade de serem expostas a doenças sexualmente transmissíveis por contato anal e oral-genital.

Em terceiro lugar, uma pesquisa com alunos universitários em seu primeiro ano sugere várias consequências perturbadoras da exposição a materiais sexualmente explícitos[11], incluindo (mas sem se limitar a): aumento

---

(8) C. Rogala e T. Tydén, «Does pornography influence young women's sexual behavior?». *Women's Health Issues*, vol. 13, n. 1, janeiro 2003, págs. 39-43; T. Tydén e C. Rogala, «Sexual behavior among young men in Sweden and the impact of pornography». *International Journal of STD & AIDS*, n. 9, 2004, págs. 590-93; E. Haggström-Nordin, U. Hanson e T. Tydén, «Associations between pornography consumption and sexual practices among adolescentes in Sweden», *International Journal of STD & AIDS*, n. 2, março 2005, págs. 102-07.

(9) C. Rogala e T. Tydén, «Does pornography influence young women's sexual behavior?». *Women's Health Issues*, vol. 13.

(10) *Ibidem.*

(11) D. Zillman, «Influence of unrestrained access to erotica on adolescents' and young adults' dispositions toward sexuality», *Journal of Adolescent Health*, vol. 27, 2000, págs. 41-44; J. S. Carroll *et al.*, «Generation XXX: pornography acceptance and use among emerging adults». *Journal of Adolescent Research*, vol. 23.

na tolerância a materiais sexualmente explícitos, o que faz o consumidor querer material cada vez mais diferente ou bizarro para alcançar o mesmo nível de excitação ou interesse; percepções erradas sobre uma atividade sexual exagerada entre a população geral e sobre a prevalência de práticas sexuais menos comuns, como sexo grupal, zoofilia e atividades sadomasoquistas; risco maior de desenvolver uma imagem corporal negativa, especialmente para mulheres; aceitação da promiscuidade como um estado normal de interação. Além disso, como foi observado acima, garotas adolescentes expostas à pornografia também têm uma probabilidade bem maior de serem vítimas de violência sexual[12]. Esses resultados são obviamente negativos para ambos os sexos, mas a normalização da promiscuidade cria um risco ainda maior de as garotas adolescentes contraírem doenças sexualmente transmissíveis.

## Danos para a sociedade inteira causados pela separação de famílias

Como o consumo de pornografia na internet é mais um fator que corrompe a vida familiar, ele é prejudicial não apenas para aqueles imediatamente afetados pelo usuário, mas também para a sociedade como um

---

(12) S. Bonino *et al.*, «Use of pornography and self-reported engagement in sexual violence among adolescents». *European Journal of Developmental Psychology*, vol. 3.

todo. Diversas pesquisas empíricas disponíveis em outros lugares demonstram a relação entre estabilidade familiar e resultados desejáveis individuais e sociais[13].

---

(13) Ver, por exemplo, *Marriage and the public good: ten principles*, um relatório que detalha os benefícios do casamento, assinado por setenta acadêmicos, Witherspoon Institute, Princeton, N.J., 2008; A. J. Bridges, «Pornography's effects on interpersonal relationships». *The Social Costs of Pornography: A Collection of Papers.*

# Descoberta 6

*O consumo de pornografia na internet pode ser prejudicial para seus consumidores.*

No geral, o consumidor crônico de pornografia é homem. De acordo com a maioria das estatísticas, e também por evidências anedóticas, homens têm uma probabilidade bem maior de buscar a pornografia, inclusive na internet, do que mulheres.

Isso não significa que não existam efeitos danosos do uso crônico entre mulheres. Porém, o desequilíbrio sexual no consumo significa que as evidências empíricas dos efeitos da pornografia da internet nos homens são mais abundantes e disponíveis do que aquelas sobre os efeitos nas mulheres. Em alguns homens que usam pornografia na internet, os efeitos parecem ser bem adversos.

## O uso da pornografia corrompe relacionamentos matrimoniais e outros tipos de relacionamento íntimo.

Como já observado, as repercussões do consumo de pornografia na internet podem ser catastróficas para a mulher que descobre que o marido ou namorado a consome em segredo. Os danos dessas repercussões obviamente se estendem para o próprio homem.

Homens que consomem pornografia também sentem menos atração por possíveis parceiras. Num estudo recente com universitárias e universitários, pesquisadores descobriram que «para uma mulher, o uso frequente da pornografia por um possível parceiro diminui consideravelmente suas intenções de ter um relacionamento com ele»[1].

## O uso da pornografia pode deixar os homens sexualmente incompetentes com uma parceira de verdade.

Talvez a repercussão mais paradoxal da busca de gratificação sexual na pornografia da internet seja que ela pode tornar o usuário crônico incapaz de obter precisamente a satisfação sexual que procura. Segundo o relato de um médico especialista em neuropsiquiatria, vários homens que ele tratou de meados até o fim

---

(1) T. McGahan e A. J. Bridges, *What traits do men and women want in a romantic partner? Stated preferences versus actual behavior*, em progresso.

dos anos 1990 tinham se tornado tão dependentes de imagens pornográficas para se excitarem sexualmente que não sentiam mais atração suficiente pelas esposas para ter relações com elas[2]. Ademais, uma pesquisa sugere que a exposição à pornografia diminui a satisfação sexual com o parceiro ou parceira para homens *e* mulheres[3].

Além disso, o uso crônico da pornografia está associado à depressão e à infelicidade. Como o mesmo psiquiatra resume:

> Os pornógrafos prometem um prazer saudável e um alívio da tensão sexual, mas o que costumam disponibilizar é um vício, uma tolerância ao prazer e mesmo uma futura diminuição dele. Paradoxalmente, os pacientes homens com quem trabalhei costumavam desejar pornografia, mas sem gostar dela[4].

Um professor de filosofia explica a relação entre o uso de pornografia e a infelicidade em termos mais amplos:

---

(2) N. Doidge, *The brain that changes itself: stories of personal triumph from the frontiers of brain science*, pág. 104.

(3) D. Zillman e J. Bryant, «Pornography's impact on sexual satisfaction». *Journal of Applied Social Psychology*, vol. 18.

(4) N. Doidge, *The brain that changes itself: stories of personal triumph from the frontiers of brain science*.

O sexo retratado na imagem pornô é uma atividade entre pessoas atraentes com todas as qualidades técnicas. A maioria das pessoas não é atraente e conta apenas com ferramentas de segunda categoria. Depois que o vício em pornografia faz com que elas vejam o sexo da maneira instrumentalizada estimulada pela pornografia, elas começam a perder a confiança na própria capacidade de desfrutar do sexo de qualquer outra maneira que não seja a fantasia. As pessoas que perdem a confiança na sua capacidade de atrair logo deixam de ser atraentes.

E então surge o medo do desejo e, a partir desse medo, o medo do amor. Esse me parece ser o verdadeiro risco associado à pornografia. Quem se vicia nessa forma de sexo sem riscos corre um risco maior, de outro tipo. Corre o risco de perder o amor, num mundo em que apenas o amor traz felicidade[5].

Para alguns, o uso da pornografia parece ser uma bola de neve em que o consumidor acaba atraído por materiais cada vez mais «provocativos».

Vários profissionais de saúde relatam casos de usuários que manifestam sentimentos de repulsa e vergonha ao perceberem que são estimulados por imagens que antes achavam repugnantes. Esse processo é conhecido

---

(5) R. Scruton, «The abuse of sex». *The Social Costs of Pornography: A Collection of Papers*, 2010.

por terapeutas como «habituação». Como a jornalista Pamela Paul resumiu, com base em suas entrevistas com consumidores frequentes:

> Os homens [...] me disseram que desperdiçavam várias horas vendo pornografia na televisão, em DVDs e sobretudo online. Viam coisas que antigamente achariam horrendas: zoofilia, sexo grupal, sadomasoquismo *hardcore*, tortura genital, pornografia infantil.
>
> Eles perceberam que a maneira como viam as mulheres na vida real estava se distorcendo para se adequar às fantasias pornográficas que consumiam na tela [...]. Preocupavam-se com a maneira como viam suas filhas e outras garotas da idade delas. Não era apenas a vida sexual deles que sofria – os efeitos da pornografia reverberavam, alcançando todos os aspectos da sua existência. Dias de trabalho interrompidos, hobbies abandonados, vidas familiares perturbadas. Alguns homens até perderam emprego, esposa e filhos. O sacrifício é imenso[6].

A pornografia também dessensibiliza alguns usuários no tema da violência[7], o que é ainda mais preocupante devido à onipresença da violência nos materiais

---

(6) P. Paul, «From pornography to porno to porn: how porn became the norm». *The Social Costs of Pornography: A Collection of Papers.*

(7) A. J. Bridges, «Pornography's effects on interpersonal relationships». *The Social Costs of Pornography: A Collection of Papers.*

pornográficos. Uma análise de 2007 sobre os cinquenta vídeos pornográficos mais bem vendidos relatou que quase metade das 304 cenas continham agressão verbal e mais de 88% mostravam agressões físicas[8].

**O uso da pornografia tem gerado uma série de indústrias de pequena escala, pois alguns usuários tentam reduzir ou cessar o consumo. Essas indústrias provam que alguns usuários percebem que foram prejudicados por esse consumo.**

Uma medida interessante do dano da pornografia é a magnitude dos esforços realizados por alguns consumidores para se livrarem do vício por pornografia da internet.

Assim como os advogados do exemplo citado anteriormente, que relatam que a pornografia da internet é cada vez mais presente nos casos de divórcio, profissionais de assistência social e aconselhamento relatam que a pornografia da internet é um componente cada vez mais marcante nos seus casos. Um psicólogo que foi diretor do Masters and Johnson Institute relata ter visto casos assim num nível «epidêmico»[9].

---

(8) R. J. Wosnitzer e A. J. Bridges, «Aggression and sexual behavior in best-selling pornography: a content analysis update», 2007. Artigo apresentado na 57ª Reunião Anual da International Communication Association, São Francisco, Califórnia.

(9) K. Doran, «Industry size, measurements, and social costs». *The Social Costs of Pornography: a Collection of Papers*. Witherspoon Institute, Princeton, N.J., 2010.

Empreendedores também têm descoberto nichos de mercado para produtos voltados para ajudar os consumidores a controlar seu consumo pessoal de pornografia. Há livros publicados com o objetivo de acabar com esse hábito, e programadores de software vendem filtros para impedir a tentação, apesar de ainda a eficácia deles ainda ser duvidosa[10].

Em termos econômicos, os gastos voltados para acabar com o hábito do consumo de pornografia têm aumentado, assim como os gastos com o consumo da pornografia. Ninguém buscaria esse tipo de tratamento sem achar que possui um problema sério que justifica esses gastos[11].

_____

(10)  *Ibidem.*

(11)  *Ibidem.*

# Descoberta 7

*O consumo de pornografia é problemático por questões morais e filosóficas.*

Apesar de essa afirmação focar no dano empiricamente mensurável da pornografia, o uso da pornografia também levanta questões filosóficas.

A justificativa predominante para a pornografia na nossa época parece ser o libertarianismo filosófico. Muitas pessoas consideram a pornografia um assunto privado que não afeta os outros, contanto que produtores e consumidores sejam adultos e tenham dado o seu consentimento. Quando se fala que a pornografia causa danos óbvios a alguns casamentos, famílias e relacionamentos, muitas pessoas respondem que isso até pode ser verdade, mas que não vem ao caso – o mais importante é que as pessoas tenham o «direito» de fazer isso. Trata-se de uma resposta ilógica. Ninguém argumentaria que o tabagismo não é um problema sério de saúde só porque muitos fumantes, inclusive que fumaram a vida inteira, não morrem de câncer de pulmão. Igualmente, o fato de que nem todos se tornam dependentes da pornografia ou viciados nela é irrelevante para o fato de que a pornografia causa danos substanciais.

**Algumas coisas são simplesmente erradas por princípio; não importa se seu dano é demonstrável.**
Há séculos, a prostituição é estigmatizada e julgada errada por muitas sociedades. Essa estigmatização, porém, não costuma ser justificada pelas consequências imediatas da prostituição, e sim pela compreensão de que ela é intrinsecamente errada. Da mesma maneira, como um escritor observou, pode ser «excessivamente difícil ou mesmo impossível mapear uma relação causal entre uma versão da pornografia e os danos particulares que certas mulheres sofreram»[1], mas isso não elimina o erro de princípio que a pornografia constitui nem nega a tendência que ela tem de produzir danos reais em grande escala.

Em vez disso, somos lembrados de que os danos materiais nem sempre são os fundamentos mais decisivos para a lei. Seria impossível justificar algumas

---

(1) H. Arkes, «Pornography: settling the question in principle». *The Social Costs of Pornography: A Collection of Papers*, 2010.

das partes mais importantes das nossas leis se tivéssemos que as basear em provas materiais dos danos que certos comportamentos causam. Não foram as provas dos danos que as crianças negras sofriam com a segregação racial nas escolas públicas que tornaram o caso *Brown contra o Conselho de Educação*[2] histórico, mas o reconhecimento de que essas crianças vinham sendo tratadas de acordo com um princípio injusto. Da mesma maneira, na regulamentação das formas de expressão, a lei reconhece há bastante tempo uma classe de publicações difamatórias *per se*: elas podem ser julgadas como injustas em seu caráter e tendência, e o fato de ser possível ou não mostrar que alguma pessoa em particular sofreu danos materiais por causa dessas publicações já é uma questão diferente. As leis que no passado impediram a difamação de grupos raciais têm essa mesma qualidade. É errado denegrir uma classe inteira de pessoas com base na raça, independentemente de alguém ser capaz de provar a relação entre alguma publicação e os danos sofridos posteriormente por qualquer membro da raça denegrida.

---

(2) Foi um processo judicial movido em 1951 por pais negros (um deles chamado Oliver Brown) contra o Conselho de Educação da cidade de Topeka (no estado de Arkansas) com o fim de abolir a política de segregação racial nas escolas públicas. Em 1954, o caso chegou à Suprema Corte dos Estados Unidos, que decidiu que a segregação racial era inconstitucional, revertendo a jurisprudência vigente sobre o tema desde 1896. (N. do E.)

Assim, a questão da pornografia deve concentrar-se nos erros de princípio. «Pornografia» vem do grego *porno grafos*, «escrever sobre prostitutas», e a aversão à pornografia por questão de princípios faz com que ela seja considerada algo errado também por uma questão de princípios, independentemente dos danos que possam ser medidos de tempos em tempos. A objeção à pornografia, assim como a objeção à prostituição, «fundamenta-se no reconhecimento de que há uma inescapável relevância moral no sexo entre criaturas que estendem ou retiram o seu amor por motivos morais»[3].

Da mesma maneira, o consumo de pornografia pode ter efeitos piores do que a alteração da saúde física dos indivíduos. Ela «[destrói] a capacidade de ter relacionamentos sexuais amorosos», sendo assim «uma das maiores doenças sociais» que «é vista com consternação pela maioria – inclusive pela maioria dos viciados nela»[4].

Os signatários não têm a intenção de definir os maus hábitos e pecados com os quais a pornografia costuma ser associada em várias tradições. No entanto, cabe observar que nenhuma sociedade conhecida

---

(3) *Ibidem.*

(4) R. Scruton, «Pornography and the courts». *Public Discourse: Ethics, Law, and the Common Good*, 09.02.2009. Disponível em: <http://www.thepublicdiscourse.com/2009/02/90>. Para uma abordagem mais aprofundada, ver R. Scruton, «The abuse of sex». *The Social Costs of Pornography: a Collection of Papers.*

na história adotou uma perspectiva *laissez-faire* a respeito da pornografia como muitos fazem hoje em dia nos Estados Unidos e em partes da Europa Ocidental. Pelo contrário, ao longo da história o fenômeno tendeu mais a ser estigmatizado e proibido por lei e pelos costumes.

# Descoberta 8

*O fato de nem todos serem prejudicados pela pornografia não significa que ela não deva ser regulamentada.*

Historicamente, tanto a pornografia como a obscenidade foram sujeitas a regulamentações de vários tipos por parte das autoridades de todas as esferas do poder com base em conceitos legais diversos (crime de exposição a perigo, atentado ao pudor, entre outros)[1]. A pornografia é combatida e condenada por várias perspectivas ideológicas e religiosas, desde a teologia moral cristã ao feminismo. Nos anos 1980, feministas e conservadores convenceram a comissão

---

(1) Para uma abordagem mais completa das questões descritas nesta seção, ver G. V. Bradley, «The moral basis for legal regulation of pornography», e J. R. Stoner, Jr., «Freedom, virtue, and the politics of regulating pornography». *The Social Costs of Pornography: A Collection of Papers*, 2010.

responsável pelo Relatório Meese (cf. Introdução) não apenas a revisar descobertas anteriores sobre a pornografia com base na nova ciência, mas também a incorporar a perspectiva feminista de que a pornografia discrimina as mulheres[2].

Contudo, uma série de decisões recentes dos tribunais federais tem dificultado o processo contra criminosos no marco da legislação vigente a respeito da obscenidade. Desde meados do século XX, a Primeira Emenda à Constituição dos Estados Unidos, que garante a liberdade de expressão, vem sendo interpretada no sentido de proteger materiais que a lei antes suprimia por serem obscenos ou pornográficos. Nos anos 1980, os tribunais federais anularam leis de controle da pornografia, redigidas por uma professora universitária feminista e aprovadas nas cidades de Minneapolis e Indianapolis, por considerarem que qualquer proibição contrariava a Primeira Emenda. Apesar de não negarem o dano causado por materiais obscenos, as decisões consideram o direito da liberdade de expressão mais importante[3].

No entanto, esses precedentes não impossibilitam toda e qualquer estratégia legal com a finalidade de

---

(2) J. R. Stoner Jr., «Freedom, virtue, and the politics of regulating pornography». *The Social Costs of Pornography: A Collection of Papers.*

(3) Ver também D. A. Downs, *The new politics of pornography*, University of Chicago Press, Chicago, 1989, para um relato detalhado desses eventos.

amenizar os problemas causados pela pornografia. Não nos afastamos da Primeira Emenda ao afirmar que a Constituição não protege materiais verdadeiramente obscenos ou quando dizemos que mesmo materiais sob proteção são passíveis de regulamentações quanto ao tempo, local e maneira de distribuição e uso. Além disso, o judiciário pode reverter a jurisprudência se enfrentar casos que os obriguem a confrontar evidências emergentes sobre o consumo da pornografia e seus efeitos. Além dos meios legais, é possível reduzir a pornografia diminuindo ou eliminando os lucros que criaram essa indústria. Novas ideias de políticas são necessárias para combater a disponibilidade disseminada da pornografia, que hoje sabemos ser tão prejudicial à sociedade.

# Recomendações

Os signatários deste relatório acreditam que é preciso uma abordagem multifacetada para reduzir os danos sociais dos níveis atuais do consumo de pornografia. Foi esse o tipo de abordagem que conseguiu mudar as expectativas e informações do público a respeito do tabagismo a partir de 1964. Nem todos os signatários acreditam totalmente em cada uma das recomendações abaixo – o grupo é heterogêneo –, mas elas são apresentadas como orientações para os tipos de iniciativas que eles consideram desejáveis, levando em conta o que foi discutido durante o colóquio em Princeton.

**Os terapeutas**, que possuem evidências empíricas consideráveis sobre os danos do consumo de pornografia na internet, devem ser os primeiros a coletar novas evidências e disseminá-las entre os níveis mais elevados da opinião pública e do governo.

*Em primeiro lugar*, os signatários evocam o princípio médico de *primeiramente não fazer mal*. Muitos profissionais ignoram a escala atual do uso da pornografia nos Estados Unidos e as estatísticas mencionadas neste relatório, que demostram seus múltiplos danos. Muitos aceitam sem qualquer crítica a perspectiva prevalecente de que a pornografia é um entretenimento inofensivo, como videogames e jogos online.

Pelas razões demonstradas ao longo deste relatório, os signatários discordam. Ao menos durante os esforços para alinhar a opinião terapêutica com as evidências empíricas, encorajamos os terapeutas que realmente estimulam o uso da pornografia na terapia de casal como um «recurso matrimonial» a parar com essa prática. Com as evidências da força destruidora da pornografia sobre os relacionamentos pessoais, consideramos que o uso terapêutico inadequado da pornografia equivale à distribuição gratuita de cigarros por parte da Cruz Vermelha.

*Em segundo lugar*, os signatários recomendam que terapeutas dediquem-se à pesquisa em muitas áreas urgentes sugeridas pelo histórico empírico atual: o relacionamento entre pornografia e prostituição; os fatores que aumentam o risco de dependência e vício; e os efeitos da exposição à pornografia em crianças e adolescentes.

**Educadores e outros professores** devem prestar atenção em pesquisas atuais sobre os efeitos do consumo da pornografia e incorporar essas descobertas em seus currículos quando conveniente. Na nossa opinião, essa tarefa é particularmente urgente para professores e outros líderes que trabalham com pré-adolescentes, pois o consumo de pornografia por garotos adolescentes é um fenômeno crescente. Os programas de educação sexual, por exemplo, devem incluir um componente sobre pornografia e a indústria do sexo para que os jovens entendam os fundamentos e as implicações da comercialização do sexo e o impacto da pornografia naqueles que a usam e naqueles envolvidos em sua produção.

Jornalistas, editores, blogueiros e outras pessoas influentes na formação da opinião pública também devem debruçar-se sobre os efeitos da pornografia. Os jornalistas investigativos, por exemplo, podem examinar a relação entre a indústria, seu lobby e a sua influência financeira. É fundamental obter relatos fatuais, sem sensacionalismo, de como e por que os «atores» são atraídos pela indústria.

Também são necessárias reportagens sobre as ligações entre o tráfico humano e a indústria da pornografia. Por meio dessas análises, o campo do jornalismo contribuiria com informações bastante necessárias para o público leigo, pois boa parte dele ignora muito mais os verdadeiros efeitos da pornografia (produção, consumo, dependência e vício) do que os terapeutas.

**A iniciativa privada** também pode amenizar alguns dos danos causados pelo vício em pornografia.

*Em primeiro lugar*, as empresas devem implementar políticas no ambiente de trabalho para deixar claro que não há tolerância para pornografia e exploração sexual. Porém, também precisam ter uma perspectiva bem-informada sobre o tema para poderem ajudar – em vez de simplesmente demitir – funcionários que chegam ao ponto de arriscar o emprego por causa de seu problema com pornografia. Hoje em dia, muitas empresas e seguradoras incentivam o funcionário com problemas com álcool ou drogas a buscar terapia adequada, com base na compreensão mútua de que o vício está além do controle do funcionário e de que ambos se beneficiarão com o fim desse comportamento autodestrutivo.

*Em segundo lugar*, a indústria hoteleira em particular deve tomar cuidado com suas responsabilidades perante a sociedade. A maioria das pessoas tem seu primeiro contato com a pornografia numa televisão de quarto de hotel. Alguns hotéis já bloqueiam esse tipo de conteúdo a fim de proteger aqueles que não querem seus espaços invadidos por imagens pornográficas, mas outros tentam seus hóspedes com propagandas de acesso à pornografia e ofertas de filmes pornográficos em *pay-per-view*.

**As celebridades e personalidades da cultura *pop*** devem usar o púlpito que lhes foi dado pelo seu sta-

RECOMENDAÇÕES          81

tus para desestimular a glamourização da pornografia e a perspectiva de que «todo mundo faz isso». Assim como Hollywood liderou o movimento para desestimular o vício em cigarro, desglamourizando a imagem do fumo ao longo dos anos, profissionais do entretenimento de inclinações progressistas poderiam usar sua incomparável influência na vida dos jovens para desglamourizar a pornografia. Fazemos esse apelo sobretudo aos artistas da música popular, cujos vídeos com frequência trazem imagens degradantes, pornográficas ou semipornográficas.

Da mesma maneira, seria muito proveitosa uma campanha de utilidade pública em que celebridades e outras personalidades influentes contestassem a atual indiferença perante a pornografia. Essa campanha poderia manifestar-se contra as imagens pornificadas das mulheres, contra a aceitação da cultura *stripper* e contra a popularização da pornografia na cultura juvenil.

**Vários níveis do governo** podem desempenhar um forte papel na redução dos custos do consumo da pornografia para a sociedade e, portanto, os signatários sugerem as seguintes recomendações:

*Primeiro,* o governo deve legislar para tornar a pornografia ilegal nos servidores de internet usados pela maioria dos usuários, assim como é ilegal enviá-

-la pelo correio[1]. Alguns sugerem uma condição para operar um servidor de internet: que o servidor não seja oferecido para sites que propagam obscenidades. Outros, entre eles alguns signatários deste relatório, opõem-se a normas de responsabilidade que exijam o policiamento dos servidores pelos seus operadores, preferindo penalidades diretas para aqueles que produzem ou distribuem materiais obscenos. Como um primeiro passo, nos Estados Unidos, os sites selecionados para a aplicação dessas regras poderiam ser definidos como aqueles que disponibilizam materiais considerados obscenos até mesmo de acordo com a atual Primeira Emenda: que «apelam ao interesse lascivo pelo sexo, mostram, de maneira claramente ofensiva, uma conduta sexual especificamente definida pelas leis estaduais aplicáveis e, quando considerados como um todo, não têm valor literário, artístico, político ou científico» (Sentença da Suprema Corte no caso *Miller contra Califórnia*).

*Segundo*, e como corolário, os líderes políticos devem usar sua posição para fazer uma campanha pública que mostre que a pornografia – mesmo quando não satisfaz a definição legal e mais restrita de «obscenidade» – não é necessariamente uma «forma de expressão» protegida pela liberdade de expressão. Ainda que hoje

---

(1) Os Correios dos Estados Unidos não entregam material pornográfico ou obsceno. No Brasil, os Correios informam, sem maiores detalhes, que não aceitam postagem de objetos «ofensivos à moral». (N. do E.)

muitos recorram a esse direito para derrubar qualquer argumentação, a verdade é que é possível limitar direitos caso o seu exercício cause danos demonstráveis aos outros. Esse é o sentido da famosa observação do juiz Oliver Holmes Jr.: uma pessoa não tem direito de gritar falsamente «fogo!» num teatro lotado.

Temos a convicção de que a proteção da pornografia com base na liberdade de expressão ficará cada vez mais insustentável à medida que os danos causados pelo consumo atual forem mais assimilados pelo conhecimento público – os signatários esperam que este relatório contribua para isso.

*Terceiro*, da mesma maneira, todo material «adulto» (impresso e digital) deve ter uma advertência sobre o potencial viciante da pornografia e sobre os possíveis danos psicológicos consequentes para o consumidor.

*Quarto*, o departamento do Ministério da Justiça dedicado às ações judiciais relacionadas com a obscenidade precisa ser reprogramado e reestruturado para ser capaz de fazer frente ao fenômeno específico e multifacetado que é a pornografia da internet.

**E por fim,** o legislativo deve criar um novo direito de ação (civil, não criminal) chamado de «exposição negligente de um menor ou exposição involuntária de um adulto a materiais obscenos»[2]. Essa ação civil poderia

---

(2) Aqui, «obscenidade» é definida pelo padrão articulado em *Miller contra Califórnia*, 1973: «obras que [...] apelam ao interesse lascivo pelo sexo, retratam condutas sexuais de maneira claramente ofensiva e, quando

expandir-se com base nas leis existentes contra o comprometimento do bem-estar das crianças e permitiria a recuperação de ofensas emocionais contra adultos[3].

---

consideradas como um todo, não têm nenhum valor literário, artístico, político ou científico».

(3) Para mais detalhes sobre como uma iniciativa assim funcionaria, ver G. V. Bradley, «The moral basis for legal regulation of pornography». *The Social Costs of Pornography: A Collection of Papers*, 2010.

# Conclusões

Como observado ao longo deste resumo, o famoso relatório de 1964 do Ministério da Saúde americano sobre tabagismo é, de muitas maneiras, a inspiração e o modelo de saúde pública deste projeto. O relatório de 1964 sintetizava as evidências da época da seguinte maneira: «o tabagismo é um risco suficientemente relevante nos Estados Unidos para justificar uma ação corretiva apropriada».

Da mesma maneira, o consumo de pornografia na internet na escala atual é um risco para a saúde pessoal e social e suficientemente relevante nos Estados Unidos para justificar uma ação corretiva apropriada, incluindo as sugestões recomendadas neste relatório, mas sem se limitar a elas.

Claramente, a tríade consumo de pornografia, dependência e vício não é o único problema da nossa sociedade. Contudo, trata-se de um problema sério que não é devidamente reconhecido, e é por isso que os signatários incentivam os leitores de todas as crenças e inclinações políticas a prestarem atenção no registro empírico desses danos. Aqueles que ignoram esse registro prejudicam a sociedade que está sendo moldada não só para os adultos de hoje, mas também para aqueles que certamente merecem tornar-se adultos num mundo menos saturado de imagens pornográficas.

# Signatários

**Hadley Arkes**
Professor de Jurisprudência e Instituições Americanas da Cátedra
Edward N. Hay
Amherst College

**Francis J. Beckwith**
Professor de Filosofia e Estudos sobre Igreja-Estado
Universidade Baylor

**Gerard V. Bradley**
Professor de Direito
Faculdade de Direito da Universidade de Notre Dame

**Margaret F. Brining**
Professora de Direito da Cátedra da Família Fritz Duda
Faculdade de Direito da Universidade de Notre Dame

**J. Budziszewski**
Professor de Governo e Filosofia
Universidade do Texas, Austin

## James W. Ceaser
Professor de Política
Universidade da Virgínia

## Dra. Shardon W. Cooper
Professora Adjunta, Departamento de Pediatria
Universidade da Carolina do Norte, Faculdade
de Medicina Chapel Hill
Consultora, Centro Nacional de Crianças Desaparecidas
e Exploradas

## Jeffrey Dew
Professor Assistente de Desenvolvimento Familiar, Humano
e do Consumo
Universidade Estadual do Utah

## Kirk Doran
Pesquisador Visitante da Cátedra Bradley
The Whiterspoon Institute

## Mary Eberstadt
Pesquisadora
The Hoover Institution

## Jean Bethke Elshtain
Professora de Ética Social e Política da Cátedra
Laura Spelman Rockefeller
Universidade de Chicago

## Michael O. Emerson
Professor de Sociologia da Cátedra
Allyn R. e Gladys M. Cline
Universidade Rice

## SIGNATÁRIOS

**John M. Finnis**
Professor de Direito e Filosofia Jurídica
Universidade de Oxford

**Robert P. George**
Professor de Jurisprudência da Cátedra McCormick
Universidade Princeton

**Norval Glenn**
Professor de Sociologia da Cátedra Ashbel Smith
Professor de Estudos Americanos da Cátedra Stiles
Universidade do Texas, Austin

**John Haldane**
Professor de Filosofia e Diretor do Centro de Ética,
Filosofia e Relações Governamentais
Universidade de St. Andrews

**Donna M. Hughes**
Professora da Cátedra Eleanor M. e Oscar M. Carlson
Programa de Estudos Femininos
Universidade de Rhode Island

**William B. Hurlbut**
Professor Consultor do Instituto de Neurociências
Faculdade de Medicina, Universidade Stanford

**Harold James**
Professor de História e Relações Internacionais
Universidade Princeton
Professor da Cátedra Marie Curie
European University Institute

## Byron Johnson
Professor de Sociologia
Diretor, Programa de Comportamento Pró-Social
Universidade Baylor

## John Keown
Professor de Ética Cristã da Cátedra Rose F. Kennedy
Kennedy Institute of Ethics
Universidade Georgetown

## Paul E. Kerry
Pesquisador Visitante, Centro de Estudos
de Relações Judaicas-Cristãs
Universidade de Cambridge

## Dr. Aaron Kheriaty
Professor Assistente de Psiquiatria
Universidade da Califórnia, Faculdade
de Medicina Irvine

## Robert D. King
Cátedra Audre e Bernard Rapoport de Estudos Judaicos
e Professor Honorário de Artes Liberais
Universidade do Texas, Austin

## Robert C. Koons
Professor de Filosofia
Universidade do Texas, Austin

## Mary Anne Layden
Diretora, Programa de Trauma Sexual e Psicopatologia
Centro de Terapia Cognitiva
Departamento de Psiquiatria
Universidade da Pensilvânia

## SIGNATÁRIOS

**Mary Graw Leary**
Professora Associada
Faculdade de Direito Columbia
Universidade Católica da América

**Dr. Joseph C. Masdeu, Ph.D**
Médico Titular e Cientista
National Institutes of Health
Professor Adjunto de Neurologia
New York Medical College

**Wilfred M. McClay**
Cátedra do SunTrust Bank de Excelência em Ciências Humanas
Professor de História
Universidade do Tennessee, Chattanooga

**Dr. Paul McHugh**
Professor Honorário de Psiquiatria
Faculdade de Medicina, Universidade Johns Hopkins

**Margarita Mooney**
Professora Assistente de Sociologia
Universidade da Carolina do Norte, Chapel Hill

**Michael J. New**
Professor Assistente de Ciências Políticas
Universidade do Alabama

**David Novak**
Cátedra J. Richard e Dorothy Shiff de Estudos Judaicos
Universidade de Toronto

**Rob Palkovitz**
Professor de Desenvolvimento Humano e Estudos Familiares
Universidade de Delaware

### Eduardo M. Peñalver
Professor de Direito
Faculdade de Direito Cornell

### Thomas Pink
Professor de Filosofia
King's College, Londres

### Joseph Price
Professor Assistente de Economia
Universidade Brigham Young

### Alexander R. Pruss
Professor Associado de Filosofia
Universidade Bayleor

### Mark Regnerus
Professor Associado de Sociologia
Universidade do Texas, Austin

### Michael Reynolds
Professor Associado de Estudos do Oriente Próximo
Universidade Princeton

### Daniel N. Robinson
Faculdade de Filosofia
Universidade Oxford

### Dr. Francisco Javier Romero, Ph.D
Professor de Fisiologia
Reitor da Faculdade de Ciências da Saúde
Universidad CEU Cardenal Herrera
Valência, Espanha

## Roger Scruton
Pesquisador Sênior
Blackfriars Hall
Universidade de Oxford

## Thomas K. Seung
Professor Honorário de Artes Liberais da Cátedra Jesse H. Jones
Universidade do Texas, Austin

## Betsy Page Sigman
Professora de Administração
Faculdade de Administração McDonough
Universidade Georgetown

## James R. Stoner, Jr.
Professor de Ciências Políticas
Universidade Estadual da Louisiana

## Eleonore Stump
Professora de Filosofia da Cátedra Robert J. Henle
Universidade de St. Louis

## Gladys M. Sweeney
Reitora Acadêmica
Institute for the Psychological Sciences

## Christopher Tollefsen
Professor de Filosofia
Universidade da Carolina do Sul

## David L. Tubbs
Professor Assistente de Política
King's College, Nova York

**Paul C. Vitz**
Professor Emérito de Psicologia
New York University
Professor Sênior
Institute for the Psychological Sciences

**Candace Vogler**
Professora de Filosofia
Universidade de Chicago

**Lynn D. Wardle**
Professora de Direito da Cátedra Bruce C. Hafen
Faculdade de Direito J. Reuben Clark
Universidade Brigham Young

**W. Bradford Wilcox**
Professor Associado de Sociologia
Universidade da Virgínia

ESTE LIVRO ACABOU DE SE IMPRIMIR
A 19 DE SETEMBRO DE 2024,
EM PAPEL PÓLEN BOLD 90 g/m$^2$.